Poemas De Un Tiempo Olvidado

Printed in the United States of America

First Printing, 2013

ISBN-13: 978-0615881782
ISBN-10: 0615881785

Reloj enjaulado- Mayo 10, 2009

Poemas De Un Tiempo Olvidado

Pablo Alberto Cuadra Argüello

Dedicatoria

Dedico estos poemas a mi adorada familia. A mi querida esposa Caryn, a mis amados hijos, Katie Isabel y Liam Patrick. Ustedes son el mejor regalo que Dios me ha dado. Gracias por llenar mi vida de inmensa felicidad. También le dedico este libro a mi querida Tía, Flor de María Bruno, un verdadero ángel de Dios.

LAS ILUSTRACIONES

Las ilustraciones, que acompañan a estos poemas, son una pequeña recopilación de dibujos que he creado a lo largo de los últimos 14 años. Son parte de mi colección de garabatismos, una técnica que he desarrollado, y que utilizo para poder expresar de manera artística, emociones, inquietudes, y pensamientos enclaustrados. Espero disfruten de los poemas y de las ilustraciones.

POEMARIO

No Recuerdo

No recuerdo el día en que partí,
ni la fecha, ni la hora de mi salida.
Solo recuerdo el repique solemne de las campanas,
como despidiéndose de mis sombras, al son de un Te Deum.

Las calles estaban vacías,
una que otra alma se asomaba por las ventanas
dejando escapar una mirada turbada y circunspecta.
No recuerdo si era día, tarde, o madrugada,
mi mente ya se había fugado de aquel lugar.
Solo recuerdo el ligero zumbido del viento,
y el vaivén mustio de una palmera,
que con su suave ritmo parecía decirle adiós a mis ayeres.

No recuerdo lo que me lleve, lo que deje,
o lo que se quedó olvidado en el baúl traumado del pasado.
Solo recuerdo los rostros tristes
de los que atestiguaron mi partida al mundo de lo desconocido.
No sé si era otoño, verano, o invierno,
mi tegumento no sentía frío, ni calor, ni escalofríos.
Solo recuerdo el vació de irme y no volver,
 y el miedo de volver y no irme.

No me despedí de nada, ni de nadie,
y nadie se despidió de mí.
Desvanecí como un fantasma,
como el espejismo de un oasis en medio del desierto,
sin dejar rastros ni huellas.
No recuerdo el día en que partí,
ni la fecha, ni la hora de mi salida.

Solo recuerdo mi mirada entumecida de dolor,
reflejada en un espejo averiado por el tiempo.
No recuerdo la muda que llevaba puesta,
o el color del calzado aferrado a mis pies,
o el sabor de la merienda que deleito mi paladar.

Solo recuerdo el vuelo sibilino y apresurado de las aves,
como vaticinando mi partida.
No recuerdo el día en que partí,
ni la fecha, ni la hora de mi salida.
Solo recuerdo el vació de irme y no volver,
y el miedo de volver y no irme.

Bailarina –Enero 12, 2000

Casita de Cartón

Casita de cartón,
cocina de latas viejas,
un paisaje de basura,
un arroyo de aguas negras.
Un cuarto para diez,
un candil, una cortina rota que sirve de pared,
un suelo sin ladrillos,
pedregoso y mojado.
Dos catres que no caben,
un balde con agua de lluvia,
una entrada sin puerta.
Chavalos descalzos
sin juguetes, ni prendas,
diez personas que se quieren
en medio de la pobreza.
En una casita de cartón,
sin lujos, ni sirvientas,
habita sereno el amor,
la mayor de las riquezas.

Casitas – Junio 9, 2007

Trigo – Marzo 26, 2001

Un Día Lo Sabré Todo

Un día lo sabré todo,
no necesitare más palabras,
ni preguntas, ni repuestas.
Ese día, mis pensamientos serán claros como el día,
translúcidos como el sueño de un rorro.

Ese día, los tentáculos de mi ignorancia
perderán por completo su vigor,
y no habrán de desplegarse más entre las sombras.
La torpeza quedara muda, lisiada por la reflexión.
Y lo oculto quedara desvelado para siempre,
en la desnudes eterna de lo veraz.

No habrá más necesidad de pretender,
pues seremos lo que somos, no lo que fingimos ser.
Ese día, las obras de mi ser y de tu ser,
quedaran expuestas a la intemperie,
aguardando el juicio ecuánime de la franqueza.

Todo saldrá a relucir, lo malo, lo bueno, lo sagrado y lo profano.
Ese día lo sabré todo, lo veré todo tal y como es,
sin dudas, sin prejuicios, si miedos, ni revés.

Y no he de ver más con los ojos miopes de mi existencia,
pues tu fulgor quedara fundido en la esencia misma de mi ser.
Un día lo sabré todo, no necesitare más palabras,
ni preguntas, ni respuestas.

Bicicleta – Octubre 5, 2004

Nadie Se Acuerda Del Pobre

Nadie se acuerda del pobre,
a nadie le importa su flagelo.
Dicen: "No es importante", no tiene finca,
ni herencia, ni alcurnia, ni nombre.
¡Su desnudes es perturbadora!
¿A quién podrá importarle sus latas, y bolsas;
su cartones, su pega, o su sombra?

Nadie se acuerda del pobre,
del hambre en sus ojos,
de su risa triste, de su alma sola.
Dicen: "No es importante", no es blanco,
no es fino, no tiene diamantes.
¡Su ignorancia es vergonzante!
¿A quién podrá importarle sus palabras, sus ideas, o sus obras?

Nadie se acuerda del pobre,
a nadie le importa su flagelo.
Dicen: "No es importante", no pertenece al club,
no tiene chofer, no carga guantes.
¡Su presencia es bochornosa! ¡Huele a calle, a polvo y olvido,
su respiro es un llanto, su aliento un quejido!

Nadie se acuerda del pobre,
a nadie le importa su flagelo.
Dicen: "No es importante", no tiene amigos, ni tiene amantes,
no tiene influencia, ni pesca en yates.
No tiene voz, no tiene partido, no tiene estandartes de ninguna clase.
¡Su miseria es aberrante!
No tiene diputado, ni presidente, ni representante.
Nadie se acuerda del pobre,
del hambre en sus ojos, de su risa triste, de su alma sola.
A nadie le importa su flagelo.

Brisa – Abril 7, 2008

Te Encuentro Señor

Te encuentro Señor
en el campesino de frente sudada,
de piel arrugada y espalda
encorvada de tanto labrar.

Ten encuentro en la madre soltera,
que trabaja y se esmera,
por darle a sus hijos un mejor bienestar.

Te encuentro Señor
en el dolor de la viuda,
que sintiéndose sola, no encuentra
la hora de parar de llorar.

Te encuentro en el anciano olvidado,
que día tras día,
por la pena inundado,
espera con ansia, en su silla agobiado,
la llegada sorpresa de algún familiar.

Te encuentro Señor
en el joven que busca,
en el hermano que duda,
y en la fe de aquel que perdura
por encontrar en la vida su destino final.
Te encuentro en el amor y el cariño,
en la sonrisa pura y noble de un niño,
que abrazado a su madre,
espera en el mundo confiar.

Te encuentro Señor
en el calvario diario del pobre,
que de hambre y de miedo se encoge,
y triste y solitario en la noche,
en sus rezos se deja amparar.

Te encuentro en el misterio profundo de mi alma,
en cada verso y en cada palabra,
en la oscuridad del ocaso y el resplandor del mañana.

Te encuentro en cada latido,
ahí, en mi ser escondido,
te encuentro muy cerca,
te siento muy mío.

Enigma- Noviembre 9, 2011

Retorno

Vomitare nostalgia,
en la mortecina esquina
donde abandone mi infancia,
lugar de mi destierro,
y de mi fatal suplicio,
donde aún resuena
el eco de mi adiós,
el morir de la tarde,
y donde aún moran
los fantasmagóricos recuerdos.
Volveré a la desolada esquina
una tarde de Enero,
cuando el halito sombrío
llene el asfixiador vacío,
y conversare con los fantasmas,
de los que fueron mis amigos,
y nos burlaremos del tiempo,
y nos mofaremos del incógnito
destino.

Careta- Febrero 19, 2012

Demencia Solitaria

Han pasado mil años y aún sigo vivo,
aquellos que acompañaron mi camino
ahora yacen bajo el suelo,
esperando un nuevo amanecer.

Tengo los recuerdos nublados,
empolvados por el pasar del tiempo,
atrofiados por el tic tac de los segundos.
El día, la tarde, y la noche,
todo me es lo mismo.

He quedado solo, en otro tiempo, y en otro lugar,
como isla solitaria a la deriva,
como ancla encallada, abandonada en mar abierto.
Atrapado entre el viento y la nada,
buscando escapar de este laberinto de sueños,
donde floto como nube sin rumbo fijo.
El ayer, el hoy, y el mañana, son una misma cosa,
no puedo ver nada a través de mi ventana.
La luz, la sombras, el mar, todo me da igual,
soy el personaje ficticio de un cuento aun no completado,
que busca con ansias el final de este capítulo.

He quedado solo, en otro tiempo, y en otro lugar,
como árbol plantado en un desierto sin oasis,
como luz que se pierde entre las sombras,
como leyenda olvidada,
atrapado, entre el viento y la nada.

Han pasado mil años y aún sigo vivo,
aquellos con quienes celebre
los momentos más queridos,
ahora yacen bajo el suelo,
esperando retornar un día.

Tengo los recuerdos nublados,
no sé si soy el mismo que un día fui,
y sigue existiendo, en el mundo disparatado de mi mente,
y el vacío taciturno de mi soledad.

Ojos Dementes- Marzo 22, 2003

A Lo Largo Del Camino

A lo largo del camino,
descubrí que el trayecto no es largo,
que muchos son los senderos,
y pocas las horas para caminarlos.

Descubrí también,
que el andar solo no tiene nada de malo,
que no todo en la vida es tragedia,
y que hablar en voz alta al vacío, no tiene nada de raro.
Que como dice el proverbio del sabio,
"a veces es mejor estar solo que mal acompañado".

Aprendí a lo largo del camino,
que la fruta y la semilla
son hijas de un mismo árbol.
Que mucho son los momentos que se nos dan,
pero pocas las oportunidades que aprovechamos.
Que tiene más valor el calor en el invierno,
que todo el oro de antaño.

A lo largo del camino me di cuenta,
que Dios infundió al mundo de una belleza
que no se opaca con los años.
Que la pobreza no consiste en la falta de dinero,
sino en la carencia del amor,
y un espíritu netamente humano.

Que a veces sufrimos porque queremos,
porque al mal, y a la miseria, con pasión nos aferramos.
A lo largo del camino descubrí,
que la senda, como la vida,
están llenas de subidas y bajadas,
que muchas veces lloramos en silencio,
y otras veces desbordamos carcajadas.

A lo largo del camino aprendí que el trayecto no es largo,
que muchos son los días, pero pocos los años;
que es mejor servir al prójimo, aunque sea un extraño,
que ser esclavo del ego, o títere de un tirano.

Descubrí que la vida no es aburrida,
que el paisaje es fascinante,
que tiene más valor la sonrisa de un niño,
que todo el brillo de un diamante.

A lo largo del camino descubrí
que el trayecto no es largo,
que muchos son los senderos,
y pocas las horas para caminarlos.

Garabato- Mayo 15, 2007

Lienzo Sagrado

En el lienzo sagrado,
en cuyas fibras
plasmado,
quedo dibujado tu ser,
Yo me quisiera envolver,
como capullo sagrado.
Y en esta envoltura
¡Tan bella!
Quedar consagrado quisiera,
para pagar dentro de ella,
todo el mal que he causado.
Y una vez purgado
del pecado del ayer,
muy claro te he de ver,
en mi alma y mi conciencia.
Y al final de los tiempos
desenrollarme pidiera,
para amarte de veras
en un eterno nacer.

Búsqueda

¿Qué buscas tanto
que no encuentras?
¿Por qué te afanas?
¿Acaso no sabes?
¿No te han dicho?
El tesoro humano está hecho de barro,
frágil, barato, y rojizo.
No vale la pena aturdirnos tanto,
hasta lo más lindo en este mundo,
termina por cansarnos.
Todo es transitorio en el plano terrenal,
los días cambian de nombre,
las aves vienen y van.
Nada permanece para siempre,
el árbol frondoso es ahora un simple tronco,
y la mansión que tanto
añoraste, hoy ha perdido su valor.
Poco a poco todo termina,
hasta la moda pierde su novedad.
No busques el sosiego
en el reino de la ansiedad,
búscalo más allá, en la esfera de lo eterno,
en la realidad de lo veraz.
¿Qué buscas tanto
que no encuentras?
¿Acaso no sabes?
¿No te han dicho?
Nada finito podrá llenar el vacío profundo del alma,
ni el diamante más valioso,
ni el placer más prohibido, terminara por saciarnos.
No busques la felicidad en lo temporal,
búscala en el amor del Padre eterno,
que no se cansa de buscarte,
de sanarte y de amar.

Marcas sin rumbo – Julio 18, 2005

Todo Pasa A Través del Tiempo

El tiempo pasa, pasa el tiempo,
como pasan las nubes
cuando se las lleva el viento.
Como pasa el verano al
llegar el invierno.
Como pasan las noches
cuando se imponen los sueños.
Y sigue pasando el tiempo,
y todo sigue cambiando,
los viejos se van,
y los jóvenes se tornan viejos.
Y poco a poco
todos perdemos el aliento,
y con él las memorias,
de tan bellos recuerdos,
y agradables momentos.
Y sigue pasando el tiempo,
como pasa un navío
a través de los ríos,
como pasan las aves
escapando del frío,
como pasan las horas
esperando la aurora.
Y el tiempo pasa, pasa el tiempo,
y siguen cambiando las cosas,
como cambian las costumbres
a través de la historia,
como cambia el capullo
al volar la mariposa.
Y nos vemos al espejo
desconociendo su reflejo,
que gastado por los años,
solo es un vago recuerdo.

Y el tiempo sigue pasando,
como pasan las nubes cuando
se las lleva el viento,
como pasa el verano
al llegar el invierno.
Como pasan las noches,
cuando se imponen los sueños,
El tiempo pasa, pasa el tiempo.

Conejo – Junio 3, 2010

A Veces Quisiera

A veces quisiera caer rendido,
y no levantarme más del polvo,
y quedar dormido para siempre,
congelado en los momentos tiernos,
que una vez iluminaron mis escombros.

A veces quisiera hundirme en el silencio,
y navegar sereno por las aguas del sosiego,
abrazando suavemente, con las velas de mi
alma, la frescura inocente de mi ayer.

A veces quisiera, quedar perdido eternamente,
en el jardín alegre de las risas y sonrisas
que generosamente me regalo la vida.
Y quedar extasiado, escuchando alegremente,
el canto puro de la canción de cuna
que arrullo mi miedo.

A veces quisiera no abrir más los ojos,
y divisar desde mis adentros,
a través del pensamiento,
el paisaje bello y noble de los sentimientos,
que fortalecieron el castillo frágil de mi ser.

A veces quisiera sonreír a las palmeras,
y gozar con ellas el suave ritmo del vaivén.
Y atrapar la luz de la luna llena,
para encender con ella, la apasionada hoguera,
que de calor a mi atardecer.

A veces quisiera caer rendido,
y no levantarme más del polvo,
y quedar dormido para siempre,
bajo lo fresca sombra del ser divino,
cuya bondad y amor, engendro mi ser.

22

Puntos de referencia – Diciembre 6, 2000

Lloro Porque Puedo

Lloro porque quiero,
lloro porque puedo,
lloro porque el llorar es bueno.

A veces lloro de dolor,
a veces lloro de contento,
otras veces lloro, porque no entiendo lo que siento.

Lloro porque soy carne, que vibra y que arde,
que existe en el día, y se disipa en la tarde.
Que experimenta la dicha, y también el desaire,
que sufre injusticia sin importarle a nadie.

Y no me avergüenzo por llorar,
por expresar mis emociones,
mucho peor es reprimir,
al alma sus canciones.

Lloro porque amo,
lloro porque peco,
a veces lloro de emoción,
a veces lloro en el silencio,
y en cada lágrima que pierdo,
desahogo un sentimiento,
que alivia al corazón
de su carga y su tormento.

Lloro porque quiero,
Lloro porque puedo,
Lloro porque llorar es bueno.

Entre rejas- Agosto 8, 2004

Tu Dolor Es Mi Dolor

Pasa ensangrentado, cargando mi culpa y mi pecado,
el autor de la vida condenado a muerte.
¡Qué paradoja tan inconcebible!
¿A qué se debe tu desgracia? ¿De que te acusan?

Fomentar la verdad,
sanar la lepra, ¡No es ningún crimen!
Amar al pobre, y perdonar el pecado,
¡No es ningún delito!

La mentira, aterrada
por el poder transformador de tu bondad,
de pavor gime, y se apresura a emprender su plan;
condenar al inocente a través de falsedades,
para así silenciar su memoria, y tan bien su ideales.

Pero el triunfo de la injusticia es un simple espejismo,
en este desierto que es la vida,
no dura, solo confunde a los que ya están confundidos;
y cuyas almas perdidas, ya ha seducido el vació.

Pero mi Redentor no es de los que se dejan seducir,
o vender por unas cuantas monedas de plata.
Mi Señor no le tiene miedo
al destino humano, en el cual se ha encarnado.
No necesita defenderse así mismo,
pues sabe muy bien, que la justicia humana
es una gran hipocresía.
Ante tanta maldad,
no exclama palabra alguna, el verbo divino,
el logos, creador del mundo.
Su silencio, profundo y puro, estremece al mal,
que inútilmente trata de intimidarle con el miedo.

Humillado y abatido camina mi redentor
por su vía dolorosa, la vía de cada hombre y mujer,
cuya dignidad indomable,
la ignominia del infierno no puede arrebatar.

Tu dolor, o Salvador mío, tiene fragancia a solidaridad humana;
tu pena y tu martirio es la pena del mundo,
que aliado a tu reino, contigo en soledad sufre.

Tu llanto, es el llanto de todos aquellos,
que en silencio perseveran,
ante los estragos injustos de la vida diaria.
En ti, o mi Jesús, apaleado y herido,
el dolor de mi hermano, y el dolor mío,
no queda olvidado, no queda perdido.

En tu cruz ensangrentada,
mofada por cinismo incrédulo de la muerte;
mis pesares, y los pesares del universo entero,
son transformados y sanados
para salvar al mundo.

En tu Cruz, Señor mío, quiero clavar mi destino,
para así unir tu dolor con el corazón mío,
y encontrar en tu pasión gloriosa el paraíso perdido.

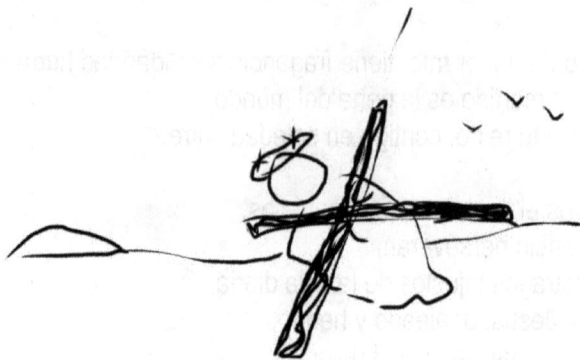

Solo con su cruz - Marzo 6, 2007

¡Ha Vuelto A La Vida!

El poder débil del odio,
no pudo silenciar la melodía eterna de tu amor,
ni pudo opacar tu fulgor, la oscuridad siniestra de la muerte.

La tumba vacía,
hoy proclama de alegría,
el regreso triunfal,
del Señor Jesús a la vida.
En este día sin ocaso,
la injusticia y su fracaso,
han quedado para siempre
en lodo sepultados.

Los Herodes y Pilatos del mundo,
que de ti, con soberbia se mofaron,
de la vergüenza humillados,
y por la verdad derrotados,
ahora esconden con pena la cabeza.

La profundidad del abismo,
su vació y su cinismo,
no pudieron en su vientre
detenerte y contenerte.
Y las cadenas del infierno,
prisionero no pudieron
en sus garras someterte.

Hoy el poder del amor, ha
vencido al amor al poder.
Hoy la luz de Cristo Rey,
y la gloria de su ser,
han de brillar para siempre.

Hoy el cosmos ha sido liberado,
del dolor injusto del pecado,
su tragedia, y de su suerte.

Hoy se ancla para siempre,
en mi alma, y en mi mente,
con gratitud, y con anhelo,
la esperanza eterna de tu reino.

La tumba vacía,
hoy proclama de alegría,
el regreso triunfal,
del Señor Jesús a la vida.

En este día sin ocaso,
el miedo y su fracaso,
han quedado para siempre,
en la historia derrotados.

Cáliz – Enero 11, 2002

Hojas De Otoño, Soledad, Y Olvido

¿A dónde van la hojas cuando brota el otoño?
¿Y el ocaso cuando se imponen las sombras?
Al lugar donde muere la risa humillada por la envidia,
y el olvido sepulta los recuerdos.
Donde mora el vació al esfumarse el cariño,
y las aves enjauladas no encuentran nidos cuando emigran.
Donde se disipa la brisa cuando se apaga el viento,
y se desvanece el sonido cuando lo ahoga el silencio.
¿A dónde va el calor cuando despierta el frío?
¿Y la luz cuando se opaca el brillo?
Al lugar donde se esconde el miedo,
y no se vislumbran los sentidos.
Donde la neblina, ciega la mirada que busca atenta el destino,
y los años, mallugados por el tiempo, no encuentran respiro.
Donde caen las gotas de sed que han sufrido el suplicio,
y reposa profundamente la voz del sigilo.
¿A donde van la hojas cuando brota el Otoño?

Lo Que A Mí Me Gusta

Me gustan los días grises
de cielos nublados,
el canto solitario de un grillo,
y la sombra serena de un árbol.

Me gusta la risa sincera de un niño,
y admirar el valor de un soldado.
Me gustan las estrellas sin nombre en la noche,
y el perenne olear de los lagos.

Me gusta la gente sencilla,
también el jocote y el sabor a morcilla.
Me gusta divisar un paisaje de día,
sentarme en un parque,
o mecerme tranquilo en la silla.

Me gustan los días de fiesta,
el repicar de campanas,
los cerros, los valles,
y también las sabanas.

Me gusta la frialdad del invierno,
el calor del verano,
el color del otoño,
y el amigo cercano.

Me gustan los días grises
de cielos nublados,
el canto solitario de un grillo,
y la sombra serena de un árbol.

Bumerán - Junio 22, 2009

En la Capilla de La Vida

Cada día al medio día,
me retiro a mi capilla,
y te pido de rodillas
me concedas tu perdón.

Y me otorgues en la vida,
tu magistral sabiduría,
para enfrentar con valentía
haciendo uso de razón,
al maligno que me humilla,
y que trata día a día,
separarme de la vía,
que me lleva hacia tu amor.

Y a través de esta oración,
rebosante de tu luz,
quiero encontrar en tu cruz
la verdad de mi existencia.

Para servirte con paciencia,
con firmeza y lealtad,
en todas mis diligencias pido,
me acompañe tu bondad.

Y ahora, tranquilo
me despido,
renovado por tu aliento,
para continuar los momentos
que me esperan todavía.

Llovizna con viento – Octubre 27, 2001

La Luz Del Candil

Tirita la luz del candil,
luz apenas perceptible,
que lucha afanosamente
por mantenerse erguida,
por no extinguirse,
ante el frío espeso de la noche,
y la astucia obtusa de las sombras.

Tiembla de ganas, de ansias de seguir viva,
de continuar alejando con su tenue luz,
a la tenacidad terca de la angustia;
y a la perfidia injusta de la insidia.

Luz de candil sigue tu marcha,
no dejes que te apague
el soplo lúgubre del miedo,
o el susurro falso del vacío.

Sigue alumbrando,
el pequeño mundo
del candil donde vives,
donde emana la raíz
del fuego con que alumbras,
y la claridad con que percibes.

Humo esparcido – Febrero 26, 2008

La Vida Que Tú Me Das

La vida que tú me das nunca termina,
el gozo que tú me das nunca se acaba.
En ti no existe el mal, ni la mentira,
en ti solo hay bondad con rostro de justicia.

La luz de tu verdad,
en la noche oscura
a mis sombras y dudas ilumina.
En ti, Pastor y Maestro,
encuentro la repuesta que tanto he buscado,
en ti encuentro sosiego al cansancio de mis días,
y el perdón a los fallos del pasado.
Tú eres la plenitud de mis anhelos,
todo lo que he deseado, todo lo que soy,
y todo lo que más quiero.

Eres lo más real
que en mi ha existido,
más real que mi mano derecha,
más claro que el son de mis latidos.
Desde la eternidad me conoces,
en ella me concebisteis,
y en ella misma viviré contigo.

Desde niño con ansias te he buscado,
desde niño muy cerca te he sentido.
Contigo a mi lado, no le tengo miedo a nada,
ni al futuro incierto, ni a los males que me achacan.
La vida que tú me das nunca termina,
el gozo que tú me das nunca se acaba.

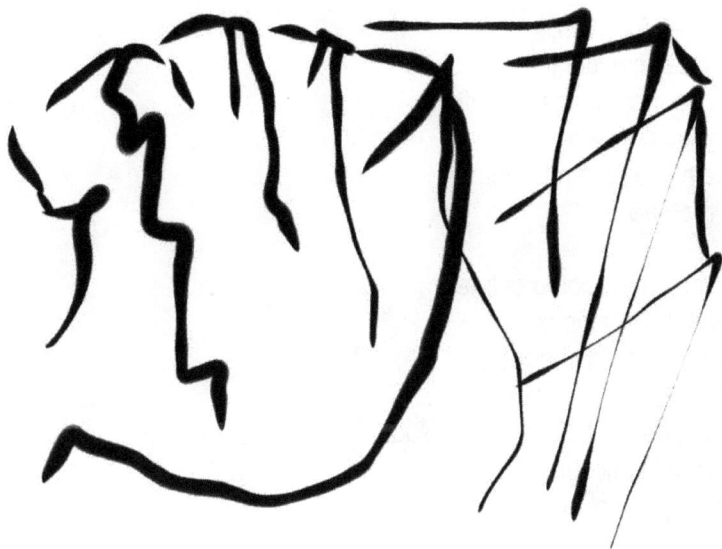

Peñón – April 19, 2000

Una Vez Fui Joven

Una vez fui joven,
las cicatrices del tiempo
aún no marcaban mi frente,
el pulso no me temblaba,
ni tambaleaban mis piernas
de repente.

Mi vos, ronca como el trueno,
resonaba entonces,
como cascada portentosa,
como viento huracanado.
Ahora, es solo un eco del pasado,
un sonido encogido
casi imperceptible.

Una vez fui joven,
mis huesos eran firmes
como columnas de templos
Griegos.
Corría veloz como un guepardo,
era incansable como una gacela.
Ahora mis pasos son lentos,
lentos como el transcurso de mis años,
como la vida misma que ahora siento.

Una vez fui joven,
me gustaban las tertulias
y declamar poemas,
ponerle serenatas a mis novias,
y bailar con ellas en las fiestas.

Ahora, paso los días sentado,
aislado del mundo,
cansado, agobiado,
añorando el pasado,
tratando de no olvidar los recuerdos.

Una vez fui joven,
las canas grises de los años
aún no empolvaban mi cabeza.
Mis ojos veían, claros como el día,
la faz tersa de mi amada, su ternura, y su belleza.

Me gustaba entonces,
caminar buen mozo
por las calles,
y pasearme erguido por las ferias,
sonriendo fulguroso al amor,
a la vida y las estrellas.

Ahora camino encorvado,
enfermizo y cabizbajo,
esperando impaciente el día aquel,
cuando, como ave liberada de una jaula,
levante una vez más
el vuelo hacia el ocaso.
Una vez fui joven.

Fish Bowl - Abril 8, 2003

Apagón- Agosto 10, 2012

Solo Te Quiero A Ti, Señor, Mi Dios

Cuando la tenue luz
de mi amor por Ti,
parezca extinguirse,
atiza en lo profundo de mi ser,
una llamarada intensa de pasión por Ti.

Transforma en portentoso río
el arroyuelo seco que atraviesa mi alma,
y que tu gracia sople
un aliento fresco que renueve en mí,
el deseo ardiente de amarte por siempre,
sobre todas las cosas,
y que por todas las cosas,
te de honor y gloria,
solamente a Ti.

No busco oro,
ni tampoco plata,
no deseo riquezas,
ni tampoco fama,
pues si todo lo que deseara
lo tuviese ahora,
no tendría nada,
si no te tengo a Ti.

Poema al Dictador

Que avergonzadas cabalgan las estrellas
que adornan tus hombros, General.
¿De qué se avergüenzan?
¿Será acaso de las guerras que nunca ganaste?
¿Pero qué digo? ¡Que blasfemia!
Tú nunca fuiste a ninguna guerra.
Tu uniforme manchado de sangre
y de culpa, es solo un disfraz,
cortesía de Westpointe, un capricho de papá .

Tus matones, vestidos de soldados,
son realmente ángeles de muerte,
cobardes mascotas entrenadas para amedrentar,
torturadores sicópatas del pueblo, de los más pobres,
de los que se oponen a tu mentira armados con la verdad.

Tu riqueza es una prodigiosa estafa,
un oasis podrido de robos, saturado de motines,
un monumento sublime a la deshonestidad,
un simple espejismo llamado Montelimar.

Tu búnker es la cobardía,
la fosa común, donde descansa tu maldad.
Donde reposan los desaparecidos, los héroes cuyos
nombres las historia no puede recordar.
Tu dinastía, es una cicatriz profunda,
en el rostro bello de mi pueblo,
un legado de injusticia e inclemencia para la humanidad.
Que avergonzadas cabalgan las estrellas que adornan
tus hombros, General.
¿De qué se avergüenzan?

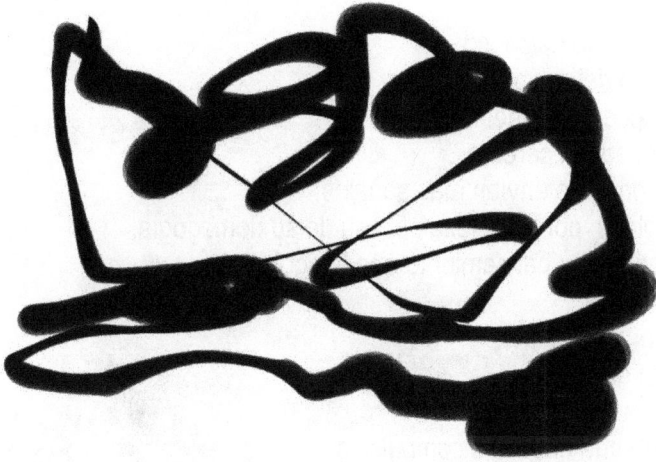

Sangre derramada – Noviembre 7, 2005

El Comandante Está Loco

El Comandante está loco,
¿por qué lo dejan gobernar?
El gas toxico de su ideología,
le ha atrofiado el cerebro.
Sus neuronas no envían más señales,
están tupidas, por la maleza espesa de su demagogia,
por el badulaque pensamiento que lo agobia.

Su mente perturbada
delira con el retraso,
le tiene fobia al progreso,
padece de una obsesión compulsiva
a la inconstitucionalidad;
se cree juez, legislador, y ejecutivo a la vez.

Le gustan los disparates hechos discursos,
y vislumbrar el futuro al revés.
El comandante está loco,
¿por qué lo dejan gobernar?
Necesita con urgencia, una lobotomía frontal,
una camisa de fuerza y una sentencia letal.

La devolución al pasado, es el mejor de sus logros,
su romance con tiranos le ha causado trastornos.
Vive en un mundo irreal, de fantasías utópicas
y consignas fallidas, de alimentos racionados,
 y policías espías.
El comandante está loco,
¿por qué lo dejan gobernar?

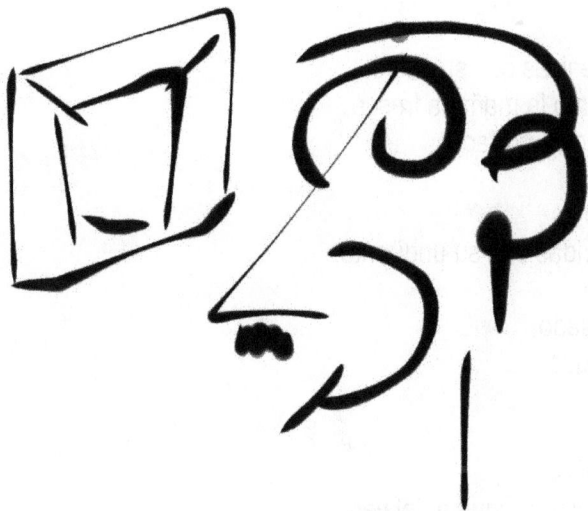

Frente al espejo - Enero 9, 2010

Lluvia Sobre Mi Existencia

La lluvia cae
y empapa mis cenizas con su canto.
Canto fresco, como la mañana fresca,
como cuajada recién cortada.

Y al caer, sus gotas
acarician mis heridas con su ungüento.
Heridas de lucha,
de esfuerzo cansado,
de guerra sin tregua.

Tu sonido,
hipnótico y misterioso,
me transporta, como máquina del tiempo,
a otras épocas;
épocas de cuetes, de ferias, y fiestas.

De tiempos de risas y aventuras,
de juegos y siestas,
de amigos sinceros, serenatas,
y novias con olor a fresa.
La lluvia sigue cayendo,
sutil y suavemente,
en el campo estrecho de mi frente,
humectando el paladar seco de mi canto.

Canto que entona el himno tenue de mis días,
mi pasado, y mi quebranto.
Quebranto de exilio, de amores perdidos,
y sueños robados.
La lluvia cae,
y empapa mis cenizas con su canto.

Pensamientos locos – Noviembre 2, 2003

49

Amor Devoto

Al campo santo,
mes tras mes,
van los pies
de devoción cargados,
y por la ausencia
del amor enlutados,
de la doña
que a pesar de los años,
no deja de pensar
en su amado.
Y de pie,
ante la lápida pálida y fría,
donde reposa
enfrascado su amor,
deja rodar su dolor,
por aquel que descansa
en la tierra apagado.
Y después
de haberle rezado,
y contado cuanto
le sigue queriendo,
deja escapar por
el viento,
un beso
por la pasión tallado.

Patas de gallina – Septiembre 29, 2012

Migajas de Victoria

Los perros del amo
se conforman con migajas,
con victorias ilusorias
y un falso amor de patria.
Las turbas callejeras, sus morteros y sus balas,
ratifican la desdicha que aquí nunca cambia nada.

El pobre sigue pobre, sin trabajo y muerto de hambre,
asediado por el miedo, agobiado de pesares.
Su vida no ha cambiado en lo absoluto,
a pesar de las promesas de una tal revolución,
que ostentaba entre otras cosas,
un hombre nuevo y una gran liberación.

¡Qué proyecto más fallido!
¡Que inmensa desilusión!
Aquí los únicos que triunfan,
son el amo y su ladrón.
Al amo le encanta pasearse
en un Mercedes de lujo,
y al secuaz volar en un avión.

Se la pasan en banquetes,
o mirando al mar desde el balcón de la mansión.
Mientras tanto en la colina, la casita de cartón,
sigue anclada en la miseria, y en el hedor de la traición.
Los perros del amo se conforman con migajas,
con victorias ilusorias, y un falso amor de patria.

Diluvio – Marzo 23, 2007

Hay Gente Sola

Hay Gente que vive sola,
que comen solas,
que hablan solas
y pasean solas,
que ríen solas
y lloran solas,
que celebran solas
y caminan solas,
se enferman solas
y convalecen solas,
que mueren solas,
sin importarle a nadie
en este mundo solo,
excepto a Dios.

Pingüinos - Diciembre 23,2012

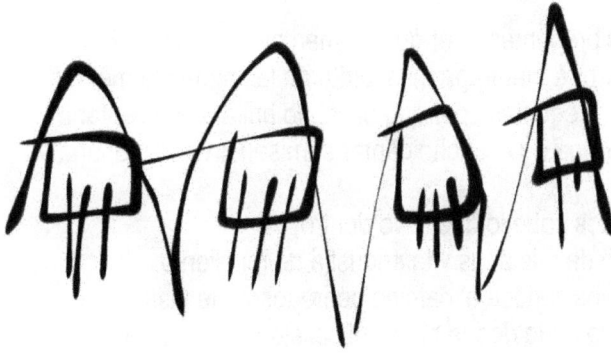

Garras – Septiembre 28, 2003

No Me Preguntes

No me preguntes ¿por qué se marchito mi sonrisa?
O ¿por qué naufraga mi espíritu en las aguas tormentosas de la mar?
No me preguntes ¿por qué el sol no brilla en mi ventana?
O ¿por qué no escucho cantar al ruiseñor en la mañana?

Solo Dios sabe lo que llevo dentro,
el peso de mis años y la angustia de mi aliento.
Solo Dios conoce el camino pedregoso que pise,
la senda árida donde piso y el callejón donde estaré.

No me preguntes ¿por qué me miras cabizbajo?
¿Por qué lloro de repente? O ¿por qué suda de dolor mi frente?
no me preguntes ¿por qué me abandonaron mis amigos?
O ¿por qué ya no me saluda la gente?

Solo Dios es fiel en esta vida,
solo Él queda, cuando todos huyen,
cuando se acaban las riquezas,
 la distinción, o la fama;
cuando los que quieres se van,
y cuando mueren los que te aman.

Punto suspendido – Mayo 14, 2012

La Ciudad De Los Recuerdos

Voy deambulando
por el bulevar de la nostalgia,
en la ciudad de los recuerdos,
donde moran las añoranzas de un tiempo mágico,
y el sonido de las risas
que se quedaron grabadas en el viento.

Me paseo en mis sueños,
por las calles de una antigua
y colonial ciudad,
admirando las pintorescas casonas
que un día retumbaron de júbilo,
en cuyos ventanales se asomaron un día,
el optimismo de la esperanza
y el candor de la alegría.

Camino sin rumbo fijo,
visitando tus atrios y tus parques,
orando en tus imponentes iglesias,
y divisando deslumbrado tus paisajes;
queriendo atrapar vivamente,
en la red de mi mente,
cada segundo de los momentos más queridos,
que un día viví desde tu vientre.

Me detengo a rememorar
frente al horizonte infinito de tu lago,
cautivado por el sonido hipnótico de su oleaje,
que me transporta melodiosamente
a otra dimensión en el ayer;
donde aún estoy y seguiré,
sin irme a ningún otro lado,
y desde donde seguiré retozando
y disfrutando con los seres más queridos,
del paraíso perdido y las caricias del pasado.

Hombre agobiado – Abril 10, 2008

El Amor Es Fiel

Los amores escondidos
no son realmente amores.
Porque el amor verdadero
le tiene asco a lo prohibido.
Pues solo se esconde lo
que no nos gusta, lo feo,
lo malo, lo podrido.

Yo jamás en mi mente
he entendido,
los eufemismos que usamos,
para describir a los villanos
que han dañado al corazón,
haciéndole perder la razón,
con su vino y seducción.

Les llamamos queridas, o queridos,
y también amantes.
¡Que mentira tan repulsiva!
¡Que falsedad más degradante!

Porque aquel que ama,
no hace tambalear
la armonía del amor,
con el sismo de
su egoísmo,
ni le roba a la fidelidad
su dignidad y compromiso.

Al que se quiere de verdad,
se le debe respeto.
Eso de andar de cama en cama,
es para las pulgas,
que andan de perro en perro.

Usar a una persona,
ya sea por fama,
por sexo, o por dinero,
es algo humillante,
vergonzante y pendenciero.

El amor no se compra,
 ni se vende,
ni le gusta mancharse.
Es el deber de cada ser,
el dejarse respetar.

Pues solo aquel que nunca quiso,
olvida las promesas,
que un día, ante Dios y
ante la Iglesia, muy serio
y decoroso hizo.

El que se acuesta con alguien
que ya está por el sacramento unido,
le hace falta la moral,
ha perdido los estribos.

Pues destruir un juramento
es algo triste y subversivo.
Algo digno de ladrones,
criminales pervertidos.

Los amores escondidos
no son realmente amores.
Porque el amor verdadero
le tiene asco a lo prohibido;
pues solo se esconde lo
que no nos gusta, lo feo,
lo malo, lo podrido.

Un garabato mas – Junio 25, 2010

Noche De Mar, Viento, Y Luna

Noche, mar, viento, y luna,
pasiones bohemias,
una playa desierta.
Ola inquieta que irrigas la orilla
y empapas mis pies en la arena fría,
donde quedan marcadas mis huellas,
vestigios mudos de mi deambular nocturno.

En esta noche sosegada,
de cielos diáfanos
y luna color marfil,
cuyo brillo plateado,
irradia sobre el ondear
portentoso del piélago;
me detengo a contemplar,
bajo el manto terso del crepúsculo,
el horizonte infinito del mar.

Me acompaña
el susurro náutico de la brisa,
que acaricia tiernamente mis sentidos,
agitando en mí,
mil recuerdos perdidos,
y evocando en mí,
 la añoranza del ayer,
que se esfumó y dejo de ser.

Noche, mar, viento, y luna,
anhelos escondidos
que zarpan a la mar,
en busca de aventuras,
sueños y eternidad.

Letras borrachas – Febrero 8, 2011

Soy Creación, Canción, Poema y Misterio

Soy hoja embestida por el manso viento,
gota de amor engendrada en un diluvio de pasiones.
Soy paisaje que inspira asombro en el misterio,
un torrente de colores, en busca de mil matices y diseños.

Soy un sueño placentero aún no terminado,
una historia fascinante, a punto de comenzar.
Soy sonido y armonía en la sinfonía de la vida,
soy camino que se traza en el arduo caminar.

Soy peña que se impone entre el sigilo de las rocas,
y playa que se cubre con la espuma de las olas.
Soy canto, poema, soy alma que añora,
el cacareo del gallo cuando despierta la aurora.

Soy nido y refugio, del tiempo y sus horas,
centinela que aguarda paciente en su ronda,
la llegada del alba, su brillo, y su gloria.
Soy tierra, soy aire, soy mar,
soy árbol frondoso y enigma al hablar.
Soy lo que soy,
creación, canción, poema, y misterio.

Entrelazado – Julio 21, 2007

Mundo Plástico

Tu mundo plástico
es una constelación de burbujas
y fantasías cosméticas,
una letanía de incesantes comerciales,
de descuentos y de ofertas.
Vives para comprar: bolsos, zapatos, y chaquetas,
tu mundo es superficial y plástico,
igual que el crédito de tu tarjeta.

Te conoces los centros comerciales,
de los pies a la cabeza,
ya no hay lugar en tu azotea
para tanta compras y maletas.

Tu mundo material es toxico y vació,
el amor a las cosas se ha vuelto compulsivo,
tienes y tienes, y nunca es suficiente,
piensas que las marcas es lo que define a la gente.

El consumismo adictivo te ha cegado la mente,
de tanto que compras ya no sabes lo que sientes.
Tu mundo materialista, es plástico y banal,
has reducido tu existencia,
al derroche, al placer, y al caudal.

Vivir para lo material es como no haber vivido,
consumir y consumir, me suele un poco aburrido.
Necesitas liberarte, de este ciclo trágico y vicioso,
si quieres tener paz, armonía, y ser realmente dichoso.
Vivir para lo material, es como no haber vivido.

Mosaico de varillas – Enero 29, 2012

Nunca He Visto Al Obispo Comer En La Casa Del Pobre

Nunca he visto al obispo comer en la casa del pobre,
ni visitar al indito en su humilde choza.
Jamás lo he visto cenar, por ejemplo, con Panchito el recogedor de basura.

Tampoco lo he visto visitar a doña Julia,
la señora, en la barriada del mico, que se gana la vida
lavando y planchando ropa.

Sin embargo, para que vean como son las cosas,
muy a menudo, lo veo disfrutar de un buen banquete en la casa de los Dupont,
la adinerada familia exportadora de joyas.
Aquellos que viven en la mansión importada, piedra por piedra, desde Europa.

También, muy a menudo, le veo visitar a Don Porfirio,
el distinguido cirujano graduado de Harvard,
y cuya familia dono el tabernáculo de oro
que adorna la santa madre Iglesia.

Me pregunto yo-- ¿por qué será que el obispo no come en la casa del pobre?
¿Será acaso que su excelencia le tiene asquito al frijolito y a la tortilla?
¿O es que no quiere humillar a su delicado paladar?
Ya que el pobre no sabe de vinos, escargot, o de caviar.

Tal vez simplemente, su ausencia por las barrios marginales se deba al miedo;
miedo, por ejemplo, que su sotana de seda,
importada de Italia, se le vaya a ensuciar,
ya que en la casa de Pancho el barrendero,
no hay piso de mármol, solo piso de barro, muy propenso al polvo.

Ahora que caigo en la cuenta, me acuerdo también, que en todos estos años,
jamás he visto al sucesor de los Apóstoles celebrar el bautizo de un mestizo,
ni celebrar el funeral de un desamparado.

69

Juan Don nadie y su mujer Evarista,
hace tres años, le pidieron a su excelencia reverendísima los casara,
aún no les ha contestado; todavía siguen viviendo en pecado.

Pero para que vean como son las cosas, hace apenas dos días,
su excelencia celebro solemnemente,
la boda de aquellos que tienen apellido francés,
que hablan poco el español y se comunican en inglés.

Lo Maritein, los que salieron en el periódico donando la fuente bautismal,
y entregando el cheque para restaurar el palacio Episcopal.

¿Por qué será, que nunca he visto al obispo comer en la casa del pobre?

Apache – Agosto 13, 2011

Ocurrencias Extrañas

En un día caluroso
paseando yo por un parque,
vi caer de repente,
desde un árbol frondoso
a un extraño reptil,
que como un proyectil,
casi roza mi frente.

Y de manera sutil
fui a echarle un vistazo,
ya que estos raros eventos
nunca me ocurren a mí.

Y al verle de cerca,
cuál fue mi sorpresa,
ahí, en la maleza,
entre las hojas resecas,
estaba una iguana bien fea
y de cola muy gruesa.

Al ver el espanto
pintado en mi cara,
por haberme asustado,
se reía con ganas,
la iguana traviesa
con rasgos de rana.

Después de haber presenciado
tan extraño suceso,
al doctor con urgencia,
fui examinarme los sesos.

.

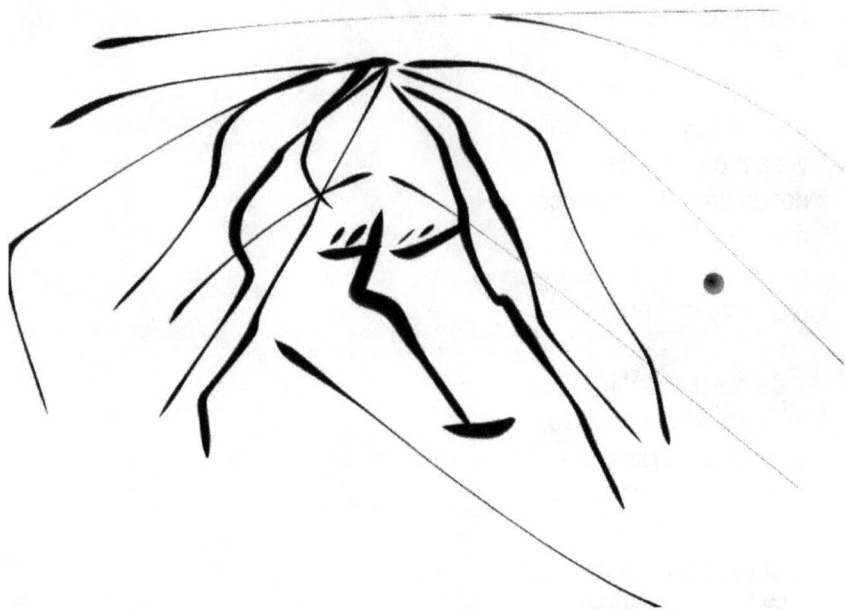

Rostro de mujer – Mayo 17, 2002

Me Es Más Fácil Conversar Con Los Muertos

Me es más fácil conversar con los muertos,
con los que ya no están,
pero una vez fueron,
y ahora habitan en la inercia.

Me es más fácil entender el aullido de un perro,
el silencio de un mudo,
que descifrar el vocablo obtuso de tus sentimientos,
o el garabato absurdo y tibio de tu pensamiento.

Me es más fácil traducir la mueca de un mono,
o el berrinche melodioso de un niño,
hasta más fácil me es predecir el destino,
que leer el reglón torcido de tu existencia,
intoxicada por el vino tinto de tu ausencia.

Me es más fácil conversar con los muertos,
con los que ya no están, pero una vez fueron,
y ahora habitan en la inercia.

Corazón abierto - Enero 24, 2008

Numeros desordenados – Junio 13, 2011

In Esse

Soy hijo del Sol,
amigo del viento,
caminante de mi historia,
prisionero del tiempo.

Soy amante del silencio,
de la luz entre las sombras.
Vagabundo que deambula,
el laberinto del ocaso,
y la esperanza de la aurora.

Soy hermano de la luna,
navegante de los sueños,
idealista que cabalga
la utopía de los versos.

Soy amigo de la lluvia,
del granizo, y de los truenos;
soy arroyo que atraviesa
el mundo abstracto
de lo absurdo,
y el sonido sordo
de mi eco.

Soy hijo del Sol,
amigo del viento,
caminante de mi historia,
prisionero del tiempo.

Pared rayada – Noviembre 11, 2004

Versos, Jaulas, Y Otras Cosas Más

El cántaro esta triste
porque el pozo se ha secado,
privándole a la vida
del elixir más deseado.

La jaula solitaria,
vacía y muda se ha quedado,
pues el ave aprisionada,
de sus rejas se ha librado.

El sendero esta aburrido
porque nadie le ha pisado,
ni el viajero trotamundos,
ni el carruaje más preciado,
por sus vías han pasado.

El brillo de la luna
un eclipse lo ha apagado,
robándole su magia,
 y su misterio enmascarado.

En la taberna de la esquina
las puertas se han cerrado,
la cerveza, y las tapas,
son cosas del pasado.

El calendario y su rutina
de sus meses se ha olvidado,
negándole a sus días, de sus fechas
y sus años.

Basura flotante – Octubre 27, 2012

Un Mundo Sin Fronteras

Quiero un mundo sin fronteras,
sin soldados ni armamentos,
sin xenofobias y sin guerras.

Donde todos
como hermanos
gocemos del fruto de la tierra,
de la belleza del mundo,
sus montañas y riveras.

Donde los niños
no pasen hambre,
ni vergüenza, ni miseria,
donde todos, como hermanos,
compartamos las riquezas;
luchando por la paz, la justicia de bandera;
fomentando la hermandad,
en todas las aldeas de la tierra,
sin amenazas absurdas, sin balas, o peleas.

Donde todos
como hermanos,
gocemos del planeta,
de sus mares y sus ríos,
de sus lagos y sus cuencas.
Donde todos deseamos para el otro
una mejor existencia,
cooperando por el bien de cada hermano,
sin insultos, y con decencia.

Donde todos sean bienvenidos,
sin metrallas, ni escopetas,
donde todos celebremos
el triunfo del amor, de la paz sobre la guerra;
donde todos promovamos la vida,
 la fe, la esperanza y la conciencia.

Quiero un mundo sin fronteras,
sin soldados, ni armamentos,
sin xenofobias y sin guerras,
donde todos como hermanos,
gocemos del fruto de la tierra,
de la belleza del mundo,
sus montañas y riveras.

Arterias – Junio 2, 2001

Me Gusta Jugar Con Las Palabras

Me gusta jugar con los vocablos,
y paso a paso moldearlos
en un arco iris de sonidos,
que le canten al oído
una sonora canción.

Y hacer de una emoción,
un refrán de mil palabras,
que con destreza de araña,
tejan en el pensamiento,
esos locos sentimientos
que no comprende la razón.

Y una vez completada mí
obra, de metáforas, y letras,
he de celebrar como atleta,
el triunfo excelso de la gloria.

Boca de perro – Diciembre 15, 2012

Un Poema a Don Antonio de la Quadra (1718)

Por Pablo Alberto Cuadra Argüello (Generación IX de los Cuadras)

Don Antonio,
padre de los padres, de los padres de mi padre;
soy hijo de los hijos, de los hijos de tus hijos.
Que orgulloso me siento de llevarte en mi sangre,
y prolongar tu memoria.

Que prole
de hidalgos tan grande
has concebido.
Tu semilla fecunda,
ha preñado el suelo fértil de mi pueblo,
engendrando en su historia
y su cultura,
una mies de presidentes,
y mentes prodigiosas,
de poetas, y patriotas,
de ciudadanos honrados,
y gente dichosa.

Las generaciones que gestaste,
son orgullo de la patria,
una estirpe de gente noble y trabajadora,
decente, y amantes de la libertad.

Los retoños que plantaste
en tierra lejana,
siguen brotando dignamente,
ensalzando el nombre con los cual nos heredaste.
En cada uno de los Cuadras
hay un pedazo de ti, hay un pedazo de mí, hay un pedazo de todos,
son mis hermanos, son mi sangre, son mi gente.

Hoy, solemnemente te saludo,
en nombre de todos los que llevamos
tu nombre con orgullo.

Don Antonio,
padre de los padres, de los padres de nuestros padres,
somos hijos de los hijos; de los hijos de tus hijos,
que orgullosos nos sentimos de llevarte en nuestra sangre,
y prolongar tu memoria.

¡Que viva don Antonio! ¡Que vivan sus hijos!

Dimensiones – Abril 2, 2013

Nébula

Quisiera recobrar la memoria
y viajar al pasado,
como un cosmonauta
dentro de una máquina del tiempo;
y revivir intensamente
todas las cosas bellas,
que vagan borrosas
en el universo oscuro de mi mente.

Poco a poco van muriendo
mis recuerdos,
cada día los evoco menos.
Quisiera socorrerlos,
apresarlos, plasmarlos,
en la muralla de lo eterno;
pero no puedo,
se esfuman en un vació nebuloso,
donde no retornan las memorias.

Quisiera abrir la puerta del ayer,
y descubrir, una vez más,
los intensos colores, los agradables aromas,
las vibrantes emociones, las melodiosas risas,
las pasiones, los rostros, las canciones,
que motivaron mi ser.

Quisiera recobrar la memoria
y viajar al pasado,
y reencontrarme,
una vez más, con
mis seres amados,
y fusionarme con ellos
en un eterna añoranza.

Felino – Octubre 23, 2005

IC XC NI KA

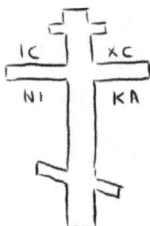